Les "Voix Provinciales", 1915-19.. (N° 1)

FRÉDÉRIC DELOR

Directeur de l'École Bernascon (École Supérieure) d'Aix-les-Bains)
Membre du "Couarail" (Académie Lorraine)
Ancien Président du Groupe Artistique de Lunéville

La Dernière Classe
de l'Année Scolaire 1914-1915

Allocution
du Directeur de l'École Supérieure, à ses Élèves,
le 31 Juillet 1915

Cet Opuscule est vendu au profit de l'Œuvre (en formation)
de l'École Commerciale des Mutilés de la Guerre (à Aix-les-Bains)

Des PRESSES
de l'Imprimerie des Alpes, à Aix-les-Bains
Marie Frinzine, Imprimeur-Éditeur

Tous Droits Réservés   1915

Les "Voix Provinciales", 1915-19..

La Dernière Classe
de l'Année Scolaire 1914-1915

(N° 1)

Les "Voix Provinciales", 1915-19.. (N° 1)

FRÉDÉRIC DELOR

Directeur de l'École Bernascon (École Supérieure d'Aix-les-Bains)
Membre du "Couarail" (Académie Lorraine)
Ancien Président du Groupe Artistique de Lunéville

La Dernière Classe
de l'Année Scolaire 1914-1915

Allocution
du Directeur de l'École Supérieure, à ses Élèves,
le 31 Juillet 1915

*Cet Opuscule est vendu au profit de l'Œuvre (en formation)
de l'École Commerciale des Mutilés de la Guerre (à Aix-les-Bains)*

Des PRESSES
de l'Imprimerie des Alpes, à Aix-les-Bains
Marie Frinzine, Imprimeur-Éditeur

Tous Droits sont Réservés   1915

Messieurs,

Mes Chers Enfants,

EN vous réunissant aujourd'hui dans l'une des Salles de votre École, en présence d'un Auditoire choisi, autant que sympathique à votre jeunesse, nous n'avons pas voulu qu'il pût s'agir d'une fête, pas même d'une somptueuse cérémonie. Cependant, cette année si tragiquement marquante de l'Histoire ne pouvait pas se terminer sans que quelque chose vînt la graver plus profondément dans vos souvenirs d'écoliers. C'est pourquoi nous avons pensé à faire de cette dernière classe une sorte de solennité toute spirituelle, sans musique et sans guirlandes, où nous parlerions d'une chose toute de votre âge, l'École, et d'une chose de tous les âges, la Patrie.

L'École, mes Enfants, et vous le comprendrez mieux encore plus tard, il faut l'aimer, il faut la vénérer,

LA DERNIÈRE CLASSE

à cause de toutes les capacités, à cause de toutes les énergies qu'elle suscite et qu'elle forge en vous pour l'avenir et la grandeur de la Nation. Voyez tous ceux qui sont grands parmi les grands, admirés parmi ceux qu'on admire : toujours l'École est à la base de leur ascension ; et les plus belles qualités données par la Nature ne peuvent rien sans l'École, qui les dirige, les fortifie, et leur donne seule toute leur puissance de floraison.

« Mais, cette année, l'École doit vous être chère, comme à tous, pour d'autres causes encore.

« Rappelez-vous les jours de Septembre dernier où notre Armée en retraite venait, dans un effort d'inimaginable énergie, d'arrêter aux portes de Paris, puis de rejeter en arrière, l'Envahisseur qui déjà chantait victoire. Rappelez-vous ces jours où, sous le choc de la Mobilisation, la Vie Civile, anxieusement suspendue devant le tragique duel des Armées, semblait arrêtée, presque désorganisée ; où l'on se demandait ce que serait demain, ce Demain tout voilé des fumées des batailles et des incendies !.. Et rappelez-vous, au milieu de cette sorte de désarroi, comment la calme voix d'un Ministre

LA DERNIÈRE CLASSE

a tout fait rentrer dans l'ordre et dans la bienfaisante règle de l'activité : — « Les Classes, » disait-elle, « reprendront à la date fixée, *sur tout le Territoire*. » Et le 5 Octobre, au jour dit, du Front aux Pyrénées et de la Mer aux Alpes, les Classes reprenaient. Et cette chose si simple, si coutumière, fut comme l'huile sur la mer démontée : elle apaisa l'émotion, calma les craintes, fortifia la confiance, et rendit tangible, jusque dans les moindres bourgades, cette vérité réconfortante et admirable que : « *la France continuait* ». Et puisque partout, même là-bas où tombaient encore les criminels obus et les bombes incendiaires, les petits enfants, cartable au dos, rentraient à l'Ecole, les grandes personnes se remirent à vivre, à travailler, à reprendre les besognes coutumières ; les Administrations fonctionnèrent comme si de rien n'était, les commerces se rouvrirent, la crainte disparut, la Patrie fut sauvée du doute, « *la France continuait..* » Et ces Classes, vos Classes à vous, mes Enfants, si égales, si régulières, si sereines, si pareilles aux Classes de la Paix ; où, têtes brunes et blondes, vous avez écouté les mêmes leçons, résolu les mêmes problèmes, récité les mêmes vers que vos aînés, vos Classes resteront le symbole

LA DERNIÈRE CLASSE

magnifique et charmant de la Foi Française dans la Patrie, dans son droit, dans sa puissance, dans ses combattants, dans son immortelle et sublime destinée !

Mais ce n'est pas seulement l'École en général, c'est aussi la vôtre, celle où vous êtes en ce moment, qu'il faut aimer. Car vous pouvez en être fiers : elle a fait vaillamment son devoir.

Quatre de vos Professeurs et de vos Maîtres sont aux Armées, se donnant tout à la Patrie : MM. SIMOND, BURLOT, CARRIN, FÉCHOZ. L'un d'eux, appelé par son âge à la gloire du combat, M. BURLOT, est officier, a été blessé, et fut cité à l'Ordre du Jour. Voici cette citation :

Ordre Général n° 155

Le Général MICHARD, commandant la °°° Brigade d'Infanterie, cite à l'Ordre de la Brigade :

M. BURLOT, Sous-Lieutenant au °°° d'Infanterie.

« *A fait preuve au feu, en toutes circonstances, de bravoure et de sang-froid. Blessé le 22 Septembre, à Beaumont.* »

LA DERNIÈRE CLASSE

Et, dans l'admirable et modeste lettre où M. BURLOT m'envoyait la copie de cet Ordre du Jour, que je lui avais demandée, il m'écrivait :

« Ce n'est point sans quelque hésitation que je vous l'envoie : la satisfaction du devoir accompli ne devrait-elle pas être notre unique récompense ?

« Et je suis cependant très heureux, pour l'École, pour nos Élèves, et pour mes Chefs, de ce témoignage que je leur offre comme gage de mon affectueux dévouement »

Quant à ceux que la Patrie n'a pas appelés aux armes, tous ont trouvé le moyen de la servir cependant. Sans parler des sacrifices qu'ils s'imposent sur leurs traitements, ils ont mis, dès la Mobilisation, leur temps, leur travail, leur expérience au service du Comité d'Administration de la Société de Secours aux Blessés, du Bureau de Bienfaisance, de la Commission d'Assistance aux Femmes et aux Enfants des Mobilisés, du Bureau de Ravitaillement et de Cantonnement des Troupes, du Bureau des Allocations aux Familles des Mobilisés.

LA DERNIÈRE CLASSE

Tels sont vos Maîtres, mes chers Enfants ; tel est le haut et patriotique exemple qu'ils vous donnent.

L'enseignement de tels hommes ne pouvait pas ne pas porter ses fruits ; et ce n'est pas seulement de vos Professeurs, c'est de vos Aînés, de vos Anciens, que vous devez être fiers aussi.

Des Elèves entrés à l'École depuis 1907, *quarante et un*, à notre connaissance, servent la France ; deux, servent notre Alliée l'Italie, leur pays.

De la Belgique aux Dardanelles, vos Camarades combattent. Deux sont tombés au Champ d'Honneur :

Le hussard PHÉLIX (Georges) ; le soldat BRET (Charles), du 5e Colonial, tué d'une balle au front en débarquant aux Dardanelles.

Quatre ont été blessés glorieusement :

GUILLAND (Edouard); BOLLARD (Camille); BURDET (Jean); MERMOZ (Emile) ; ces trois derniers aux Dardanelles.

Huit sont aspirants officiers à l'École de St-Cyr :

RAVIER (Léon); VIALE (Pierre); MIBORD (Albert); ODELIN (Antoine) ; PÉRONNON (Léon) ; VACHET (Marcel); FAVRE (André) ; TRICHON (Lucien).

LA DERNIÈRE CLASSE

Deux anciens Elèves, enfin, furent cités à l'Ordre du Jour. L'un est vivant : c'est le frère de Jean BURDET, blessé aux Dardanelles, le frère d'un de vos camarades de 3ᵉ Année : Joseph BURDET, du 4ᵉ Génie :

GROUPEMENT des VOSGES
*** Division
TROUPE ALPINE   *Ordre Général du 5 Octobre 1914*

Le Lieutenant-Colonel commandant le Groupe Alpin cite à l'Ordre de ce Groupe :

*Le Sergent BURDET (Joseph-François), du *** Régiment du Génie, Chef de détachement du Groupe de Sapeurs-Mineurs affecté au *** Bataillon de Chasseurs Alpins :*

« *Zèle et intelligence dans les reconnaissances d'avant-garde et organisation défensive du Front sous le feu.*

« *Attaqué par une patrouille de combat, a montré beaucoup d'énergie et de courage en pourchassant l'ennemi, et en gardant le contact jusqu'à la nuit. Blessé légèrement, a refusé d'être évacué à l'ambulance, et, par ses propres moyens, a rejoint son cantonnement.* »

Combat du 9 Septembre 1914
X..., le 5 Octobre 1914
Signé : BRISSAUD-DERMALLES.

LA DERNIÈRE CLASSE

Le Sergent BURDET a reçu la Croix de Guerre le 14 Juillet, et sa nomination *au grade d'Adjudant*. Il vient d'être à nouveau blessé, mais a refusé de quitter le commandement de son Groupe.

L'autre, hélas ! est mort en entrant dans la gloire immortelle. Il était le fils d'un de vos dévoués professeurs. Je vais vous lire l'émouvante citation qui le concerne :

Ordre Général n° 155

Le Général SERRET, commandant la *** Division, cite à l'Ordre de la Division :

Le Sous-Lieutenant BERNARD, du *** Régiment d'Infanterie.

« Se trouvant avec sa Section en soutien de la ligne d'attaque, et voyant la Compagnie en avant très éprouvée, s'est élancé, et, sous un feu violent, a entraîné ses hommes par son exemple et sa bravoure. A été tué à la tête de sa Section. »

Nous avons tenu, malgré les larmes qu'il en coûte, à rendre ce public et pieux hommage à votre glorieux Aîné, en même temps qu'à exprimer, du plus profond

LA DERNIÈRE CLASSE

de notre cœur, toute notre sympathie douloureusement émue et toute notre admiratrice reconnaissance à son père vénéré qui, malgré son deuil et sa douleur, parce que l'École avait besoin de lui, est, comme un soldat, lui aussi, resté là, debout et ferme à son poste.

Voilà, mes Enfants, quels hommes a formés votre École. J'aurais voulu les citer tous..., Mais un jour viendra où, ayant pu réunir tout ce que nous saurons sur chacun d'eux, — depuis le dernier parti, votre camarade GERMAIN, engagé volontaire de 17 ans, depuis quatre jours chasseur au *** Alpin, à Grenoble, et à qui j'adresse d'ici notre salut commun, jusqu'aux plus anciens et aux premiers élèves de notre Ecole, — un jour viendra où nous constituerons le livre d'or de nos gloires et où nous graverons leurs noms dans le marbre de nos péristyles !

Voilà donc, mes Amis, pourquoi, depuis cette année, il faut aimer plus encore votre École. Elle a une âme, maintenant, une grande âme, qui palpite, qui aime, qui souffre, mais qui fait vivre, une âme qui est faite de celle de tous les héros qui ont ouvert ici leur esprit aux scientifiques lumières et leur cœur à l'amour sacré de notre héroïque Patrie.

LA DERNIÈRE CLASSE

Voilà pourquoi aussi, vous, la génération qui monte, vous avez devant vous une lourde mais noble tâche : ne pas trahir les aînés qui combattent et meurent pour vous, ne pas trahir l'âme auguste de votre École. Et, pour ne pas les trahir, puisque votre champ de bataille sera celui du savoir ou du labeur économique, il faut tendre vos volontés et vos énergies, allumer en vous le feu de l'enthousiasme et de l'audace, et vouer à la joie du travail fécond l'inépuisable activité de vos cerveaux et de vos bras. C'est à ce prix, à ce prix seulement, que vous serez dignes de ceux qui vous ont précédés ; à ce prix que vous vous montrerez de vrais fils de la France, et que vous ne décevrez pas l'immense espoir que sa confiance met en vous. Le travail, mes Enfants, voilà la route, voilà l'honneur !

Mais en ce moment, la Patrie attend autre chose encore de vous, de vos parents, de tous les Français qui ne sont pas au Front : c'est la patience, c'est la confiance dans la victoire.

J'ai voyagé, il y a deux jours, avec un simple soldat, un magnifique gars barbu, aux yeux de feu. Il revenait de permission de quatre jours, après avoir été aux

LA DERNIÈRE CLASSE

batailles de Lorraine, de Champagne, de l'Yser, d'Ablain et du Labyrinthe.

— « Ah ! Monsieur, » « me dit-il, comme je suis heureux de retourner au Front ! »

Presqu'incrédule, je demandai pourquoi.

— « Figurez-vous, » fit-il furieux, « qu'il y a des civils pour se plaindre que cela dure trop !.. Et ils ont osé me demander si je pensais qu'on serait jamais vainqueurs !

« C'est long ? Eh bien oui, c'est long. Et après ?.. Quant à la Victoire, nous savons bien qu'elle est au bout de nos fusils. Seulement, chaque jour qui passe économise dix mille Français et coûte dix mille hommes à l'Allemagne.

« Tenez, Monsieur, voici ce que j'ai vu de mes yeux, et vous me direz après s'il ne vaut pas mieux que cela dure : à un saillant de notre ligne, on avait mis vingt-deux hommes choisis, avec deux mitrailleuses et leurs fusils. Après un bombardement soigné, qui ne fit de mal à personne, voilà les Boches qui attaquent en masse : une division se lance à l'assaut du saillant,

LA DERNIÈRE CLASSE

deux bataillons par deux bataillons. Mais nos vingt-deux Poilus, qui au fusil, qui aux mitrailleuses, sont là. Ils commencent le tir, et fauchent attaque sur attaque. A un moment, une trentaine de Boches arrivent jusqu'au parapet : une décharge, un coup lancé, et les voilà par terre. L'un deux était tombé sur une mitrailleuse. Il a fallu l'enlever au bout des baïonnettes pour reprendre le tir. Le combat a duré cinq heures. La moitié de la division allemande restait entre les tranchées ; l'autre s'était enfuie. Quant à nous, nous avons eu deux hommes tués... Ce jour-là, nous n'avons pas gagné le plus petit bout de tranchée, nous n'avons pas avancé d'un pas. Mais l'ennemi a perdu deux régiments, et nous, deux hommes !.. Encore quelques mois comme cela, peut-être un an, soit! Et un beau jour, les mains dans les poches, la pipe au bec et le fusil à la bretelle, nous partirons tranquillement pour Berlin, parce qu'il n'y aura plus de Boches pour nous arrêter en route... Et vous voudriez que nous allions faire tuer cinq cent mille hommes pour y aller tout de suite et faire plaisir à un tas de pantouflards qui gémissent parce le charbon augmente et que cela leur coûtera plus cher pour se chauffer les pieds !..»

LA DERNIÈRE CLASSE

Et, en manière de conclusion, il ajouta : — « La confiance ?.. Mais, Monsieur, les gens d'Arras ont confiance ; les gens de Lille ont confiance ; et des gens de l'intérieur, qui n'ont jamais entendu un coup de fusil, osent douter ? J'en ai assez de leurs jérémiades ! Ils m'ont gâté ma permission, et je suis content de rejoindre mon régiment. »

Ainsi parla mon Poilu du Labyrinthe, et je l'aurais bien embrassé !…

..Patience ! Penser qu'on est obligé de dire : patience !.. Se peut-il que nous ayons oublié à ce point notre Histoire ?.. Il a fallu cent ans pour reconquérir la France, quand nous avions Duguesclin et Jeanne d'Arc !.. Il a fallu trente ans à Richelieu pour abattre la seule Autriche !.. Il a fallu douze ans à la première République pour vaincre l'Autriche et la Prusse, avec 1.400.000 hommes fournis par les 15.000.000 d'habitants qui formaient alors la France Républicaine, et nous avions Danton, et Carnot, et Dumouriez, et Kellermann, et Hoche, et Marceau, et Bonaparte !.. Il a fallu onze ans à l'Europe coalisée, instruite à l'école de nos victoires, pour vaincre Napoléon ; encore, ne fût-ce que par l'erreur de Grouchy !..

LA DERNIÈRE CLASSE

Et maintenant, qu'est dressée contre nous la plus formidable machine de guerre qui ait jamais existé, qui, pour le nombre, laisse bien loin derrière elle l'immense armée de Xerxès, et qui n'a rien d'approchant dans l'Histoire pour la perfection de sa préparation matérielle, nous trouvons lente la Victoire finale, parce qu'elle met plus d'un an à venir !

La conclusion est nette, et les générations futures s'étonneront au contraire, comme d'un miracle, que nous ayons pu, en si peu de temps, éviter la défaite, arrêter tant de millions d'ennemis, et finalement les battre.

Car nous les battrons ! Tout est là pour nous le dire. Quelle campagne, jamais, fut si fertile en victoires ? En un an, nous en avons remporté presqu'autant que Napoléon dans toute sa carrière... Au début, Altkirch et Mulhouse. Puis, après la retraite, à partir du 6 septembre, c'est-à-dire depuis dix mois, la série est magnifiquement ininterrompue : Rozelieures, Baccarat, Lunéville, Nancy, Vassincourt, Verdun, la Marne, l'Ourcq, l'Yser, Neuville-St-Waast, Ablain-St-Nazaire, le Labyrinthe... Puis Perthes et Beausé-

LA DERNIÈRE CLASSE

jour, puis les Éparges, puis la Schlucht, la vallée de la Fecht avec le Vieil-Armand, Metzeral, la Fontenelle, — et j'en oublie !.. Partout, partout vainqueurs, jamais battus !.. Et l'Ennemi qui s'épuise, et notre force qui va croissant, et le Turc aux abois, et le Russe qui tue, qui tue, qui tue sans cesse, et l'Italie qui bouscule l'Autriche en Autriche !.. Et ce n'est pas tout : le Japon a chassé l'Allemand de Kiao-Tchéou, Botha a conquis l'Ouest-Africain, nos troupes plantent en ce moment même notre drapeau au cœur du Cameroun... Et tous les vaisseaux de guerre allemands qui voguaient sur les océans, tous pris ou coulés !.. N'est-ce donc rien, tout cela ? N'est-ce pas là le plus sûr gage de triomphe qu'aient donné, à la cause du Droit et de la Liberté, les Marines et les Armées Alliées ?.. Et je ne parle pas du blocus de l'Allemagne et de l'Autriche, ni du mépris universel que nos ennemis ont soulevé, ni des soldats prussiens qu'on enchaîne à leurs pièces ou qu'on conduit au revolver, ni des nôtres, qu'il faut à grand' peine retenir, ni de notre extraordinaire artillerie, ni de nos ressources financières... Désespérer ?.. Douter ?.. Mais il faut être aveugle et sourd pour cela. Non, Messieurs, non, mes Enfants ! Le vieux Coq est là, tou-

LA DERNIÈRE CLASSE

jours dressé, la crête en bataille : il chante son chant guerrier, et, dans le ciel empourpré de flammes, quand nos escadrilles d'avions prennent leur vol, c'est comme l'essor innombrable de nos victoires qui s'élève... Douter ?.. Désespérer ?.. Vous n'entendez donc pas que là-bas, sur le Front, nos soldats chantent la *Marseillaise !..* La *Marseillaise !* Toute notre âme enthousiaste et généreuse, tout le ressort, toute la fougue de notre race, tout le sang indompté qui brûle dans nos veines, elle est tout cela : chaque fois qu'une armée de France a entonné la *Marseillaise,* c'est la Victoire qu'elle lui a donnée !

Voilà, mes chers Enfants, ce qu'en cette Dernière Classe je voulais vous dire ; aimez votre École, où l'on apprend à servir la Patrie, aimez la France jusqu'au dernier sacrifice. Mais, si votre âge ne vous appelle pas encore au combat, du moins, vous qui êtes toute jeunesse, préparez ardemment l'Avenir ; vous qui êtes toute espérance, répandez l'espoir autour de vous ; vous enfin, dont l'âme est toute lumière, ne laissez pas l'ombre funeste du doute envahir votre maison. — « C'est la foi qui sauve, » — a-t-on dit. Ayez donc foi dans la Patrie, et la Patrie sera sauvée !

"Faire Bien"

www.ingramcontent.com/pod-product-compliance
Lightning Source LLC
Chambersburg PA
CBHW060533050426
42451CB00011B/1747